JIMMY'S CARWASH ADVENTURE
LA AVENTURA DE JAIME EN EL AUTOLAVADO

Written by Victor Narro

Illustrations by Yana Murashko

Translation by Madelin Arroyo Romero

HARDBALL PRESS

JIMMY'S CARWASH ADVENTURE/LA AVENTURA DE JAIME EN EL AUTOLAVADO
Copyright © 2016 by Victor Narro
ISBN 978-0-9979797-8-7
Illustrations by Yana Murashko
Translated by Madelin Arroyo Romero
Book Cover and Interior Design by D. Bass
No part of this book may be reproduced or transmitted in any form or by an electronic or mechanical means, including photocopying, recording or by any information storage and retrieval system, without the express written permission of the publisher, except where permitted by law.
Published by Hard Ball Press.
Information available at: www.hardballpress.com
Library of Congress Cataloging-in-Publication Data
Narro, Victor
Jimmy's Carwash Adventure
1.Children's Literature (PA) 2. Union. 3. Immigrant Rights 4. Carwash campaign

DEDICATION

To carwash workers and their daily struggle for dignity and respect.

★★★★★

Para todos los trabajadores "carwasheros" y su lucha diaria
por la dignidad y el respeto.

.

Jimmy Johnson lives with his mom and dad in a big house with a two-car garage. Jimmy's dad, Howard, needs the big garage because he has two cars.

One is a new car that his wife, Laura, likes to drive. The second car is an old and beautiful classic car.

Jimmy has a car too, a red and gold pedal car. He likes to park it beside his dad's classic car.

Jaime Rivero vive con su mamá y papá en una casa grande con cochera para dos carros. El papá de Jaime, Marcos, necesita la cochera grande porque tiene dos carros.

Uno es un carro nuevo que a su esposa, Laura, le gusta manejar. El segundo carro es un viejo y hermoso carro clásico.

Jaime tiene un carro también. Es rojo y dorado de pedales.
Le gusta estacionarlo a lado del carro clásico de su papá.

Howard drives his classic car to the Bright & Shiny carwash the first Saturday of every month, unless it's raining.

One sunny Saturday morning, Howard asked his son if he wanted to go to the carwash with him.

"Grrrreat!" said Jimmy. He loaded his red and gold pedal car into the backseat. "Ready, set, go!" he said.

Marcos maneja su carro clásico al autolavado, Rápido y Brilloso, el primer sábado de cada mes, al menos que esté lloviendo.

Un sábado soleado por la mañana, Marcos le preguntó a su hijo si quería ir al autolavado con él.

"¡Que padre!" dijo Jaime. Él puso su carro rojo y dorado de pedales en el asiento trasero. "¡En sus marcas, listos, fuera!" él dijo.

At the carwash, Jimmy started to pull his pedal car out, but his dad said, "I'm sorry, son, your car won't fit in the tracks of the carwash. See?"

Howard pointed at the tracks where the tires of the cars rode through the carwash. Jimmy's car was much too small to fit.

Jimmy was very disappointed.

En el autolavado, Jaime empezó a sacar su carro de pedales, pero su papá dijo, "Lo siento, hijo, tu carro no cabra en la pista del autolavado. ¿Vez?"

Marcos apuntó a la pista donde las llantas del carro se montan para atravesar el autolavado. El carro de Jaime estaba demasiado pequeño para caber.

Jaime estaba muy decepcionado.

When Howard's car came out of the carwash, a team of workers went to work.

They cleaned and conditioned the leather seats, they cleaned the dashboard, they shampooed and dried the carpets, and they polished the chrome on the body until it was gleaming.

"I wish I could put my car through the carwash," Jimmy said as one of the carwash workers returned the little car to its place on the backseat.

Cuando el carro de Marcos salió del autolavado, un equipo de trabajadores fueron a terminar de lavarlo.

Ellos limpiaron y acondicionaron los asientos de piel, limpiaron el tablero, lavaron y secaron la alfombra y pulieron el cromo del carro hasta que brillara.

"Desearía poder poner mi carro por el autolavado," Jaime dijo mientras uno de los trabajadores regresaba el carrito hacia su lugar en el asiento trasero.

The carwash worker looked at the little pedal car. "You want to put your car through the wash?" the man said.

"Uh-huh."

"We can do that," the man said. "Sure, why not. If it's okay with your dad. And the boss."

Howard agreed, though he didn't know how the carwash worker was going to get the car to fit in the tracks.

El trabajador del autolavado miró al carrito de pedales. "¿Quieres poner tu carrito por el lavado?" dijo el hombre.

"Uh-huh."

"Podemos hacer eso," dijo el hombre. "Claro, porque no. Si está bien con tu papá. Y el jefe."

Marcos aceptó, aunque no sabía como el trabajador del autolavado le iba hacer para que cupiera el carrito en la pista.

9

Jimmy, his dad, and the carwash worker stood looking through the big glass wall.

Jimmy's little red and gold car was tied to a rope. The Jeep in front of it pulled the little car along. The pedal car bounced and wobbled, but it stayed upright as the pipes blew soapy water and the big rollers rubbed over it

Jaime, su papá, y el trabajador del autolavado se quedaron viendo por el ventanal grande.

El carrito rojo y dorado de Jaime estaba atado a un lazo. La Jeep de enfrente estaba jalando el carrito. El carro de pedales rebotaba y tambaleaba, pero se quedó derecho cuando las tuberías soplaban agua enjabonada y los grandes rodillos lo frotaban.

Howard tried to give the carwash worker a generous tip, but the carwash worker pointed to the bucket with the sign, TIPS FOR THE WORKERS.

Howard understood that all the workers shared their tips equally.

Marcos trató de darle al trabajador del autolavado una propina muy generosa, pero el trabajador señaló al envase con el letrero, PROPINAS PARA LOS TRABAJADORES.

Marcos entendió que todos los trabajadores compartían sus propinas igualmente.

13

On Sunday, Howard took Jimmy to the local park, where he played in a local soccer league.

As Howard locked his classic car, a man came up to admire the auto.

"She's a beautiful car," the man said. "But where is your boy's little car?"

That was when Howard recognized the fellow; he was the carwash worker who had kindly put Jimmy's car through the wash.

El domingo, Marcos llevó a Jaime al parque del vecindario, donde jugaba en una liga de fútbol local.

Mientras Marcos aseguraba su carro clásico, un hombre se acercó para admirar el auto.

"Ella está hermosa", dijo el hombre. "¿Pero donde está el carrito de su hijo?"

Ahí fue cuando Marcos reconoció al señor; él era el trabajador del autolavado quien amablemente había puesto el carro de Jaime por el lavado

"My name is Juan Gonzales. My boy, Pedro, plays on one of the soccer teams."

"My Jimmy plays on a team too."

Juan put his arm around his son, while Howard led Jimmy to the team.

"Oh boy, we are on the same team!" said Jimmy.

Soon Pedro and Jimmy were the best of friends.

"Mi nombre es Juan Gonzales. Mi hijo, Pedro, juega en uno de los equipos de fútbol."

"Mi Jaime juega en un equipo también."

Juan puso su brazo alrededor de su hijo, mientras Marcos llevaba a Jaime al equipo.

"¡Wow, estamos en el mismo equipo!" dijo Jaime.

Y pronto Pedro y Jaime se hicieron de los mejores amigos.

The next month, when Howard and Jimmy drove to the carwash, they were surprised to see a crowd of men, women, and children standing outside the carwash carrying signs.

"Why, that's Lucy LaRue, the actress!" Howard said. "I wonder what she's doing with those protesters."

Al siguiente mes, cuando Marcos y Jaime manejaron al autolavado, estaban asombrados de ver un grupo de hombres, mujeres y niños parados afuera del autolavado cargando pancartas.

"¡Pero, esa es Lucy LaRue, la actriz!" Marcos dijo.
"Me pregunto qué está haciendo aquí con esos manifestantes."

Howard and Jimmy listened as a man stood on a box and made a speech.

He thanked the people for coming to support the carwash workers, who were working for wages so low they could not put food on the table or clothes on their children.

He especially thanked the actors and musicians who came out to stand with them and support the rights of the workers to organize.

"I guess we better not go through the carwash today," Howard said. "There could be trouble; some of those people look angry."

Marcos y Jaime escucharon mientras un hombre se paraba en una caja y hacia un discurso.

Él le agradeció a la gente por haber venido a apoyar a los trabajadores del autolavado, que estaban trabajando por un sueldo tan bajo que no podían poner comida en su mesa o vestir a sus hijos.

Él especialmente les agradeció a los actores y músicos por luchar con ellos y por apoyar los derechos de los trabajadores para organizarse.

"Supongo es mejor que no pasemos por el autolavado hoy, " Marcos dijo. "Puede haber problemas; varias de esas personas se ven molestas."

On Sunday, Jimmy met Pedro at the soccer game. Pedro's dad was not there.

"Where is your dad?" Jimmy asked.

"My dad is at the carwash. They are asking the boss to pay them more money, but it looks like the boss will not give it to them."

"Why not?" asked Jimmy.

Pedro shrugged. "Stubborn, I guess."

En domingo, Jaime se vio con Pedro en el juego de fútbol. El papá de Pedro no estaba ahí.

"¿Donde está tu papá?" Jaime preguntó.

"Mi papá está en el autolavado. Le están pidiendo al jefe que les suba el sueldo, pero se ve que el jefe no lo hará."

"¿Por qué no?" Preguntó Jaime.

Pedro encogió los hombros. "Por necio, supongo."

That night after dinner, Jimmy asked his dad why the boss at the carwash would not pay Juan more money.

"Juan is a kind man," said Jimmy. "It's not fair. He works hard, and he is still poor."

"Life is not fair," Howard told his son. "That's just the way the world goes around."

Esa noche después de la cena, Jaime le preguntó a su papá por qué el jefe del autolavado no le pagará a Juan más dinero.

"Juan es un hombre bueno," dijo Jaime. "No es justo. Él trabaja duro y es pobre todavía."

"La vida no es justa," Marcos le dijo a su hijo. "Así es como el mundo gira."

All week at school, Jimmy thought about Juan and his son and the carwash.

He knew that Juan was a kind man.

Jimmy wanted to help the carwash workers get better pay. After all, they helped him with his little car, so it was the least he could do.

Jimmy came up with a plan.

Toda la semana en la escuela, Jaime pensó en Juan y su hijo y el autolavado.

Él sabia que Juan era un hombre bueno.

Jaime quería ayudarle a los trabajadores del autolavado a que les pagarán mejor. Después de todo, ellos le ayudaron con su carrito, así que era lo menos que el podía hacer.

Jaime pensó en un plan.

Late at night when he was supposed to be asleep, Jimmy got out his crayons and a big piece of stiff cardboard.

He wrote across the cardboard, "Give Carwash Workers More Money."

He hid the sign underneath his bed and went to sleep.

Muy noche cuando se supone que él tenia que estar durmiendo, Jaime sacó sus crayones y un gran pedazo de cartón.

Escribió a lo largo del cartón, "Denles más dinero a los trabajadores del autolavado."

Escondió la pancarta debajo de su cama y se fue a dormir.

29

Early on Saturday morning, Howard went to the garage.

He was going to move his classic car out to the driveway, polish the chrome, and check the tires for the proper tire pressure.

But something was wrong. His car was right where it was supposed to be, but Jimmy's pedal car wasn't there.

It was gone.

El sábado temprano por la mañana, Marcos fue a la cochera.

Iba a mover su carro clásico de la entrada, pulir el cromo, y checar la presión del aire de las llantas.

Pero algo estaba mal. Su carro estaba justo donde tenia que estar, pero el carro de pedales de Jaime no estaba ahí"

Había desaparecido.

Howard went into the house and asked his wife where Jimmy was.

His wife, Laura, said, "I haven't seen him yet. I thought he was still asleep."

Howard checked Jimmy's room, but he wasn't there.

Howard checked all over the house, but his son was nowhere to be found

Marcos entró a la casa y le preguntó a su esposa dónde estaba Jaime.

Su esposa, Laura, dijo, "No lo he visto aún. Pensé que todavía estaba dormido."

Marcos checó el cuarto de Jaime, pero él no estaba ahí.

Marcos checó toda la casa, pero su hijo no estaba en ningún lado. "

Laura and Howard went out into the street looking for Jimmy.

"I told him not to ride his car in the street," Howard said. "He could be killed."

Howard and Laura drove around the neighborhood searching for Jimmy. They were growing more and more worried that something bad might have happened to their son.

Then Howard remembered Jimmy had asked why the carwash workers were protesting.

He wondered if Jimmy was trying to pedal there.

Laura y Marcos salieron a la calle buscando a Jaime. "Yo le dije que no manejara su carro en la calle," Marcos dijo. "Lo pueden matar."

Marcos y Laura manejaron alrededor del vecindario buscando a Jaime.

Se preocupaban más y más de que algo malo le pudiera haber pasado a su hijo.

Después, Marcos recordó que Jaime le había preguntado por qué los trabajadores del autolavado estaban protestando.

Se preguntó si Jaime trataba de pedalear ahí.

Howard drove toward the carwash, which was only four blocks from his house.

Sure enough, there was Jimmy in his pedal car on the sidewalk three blocks away.

Marcos manejó hacia el autolavado que solo estaba a cuatro cuadras de su casa.

Ciertamente, ahí estaba Jaime en su carro de pedales sobre la banqueta a tres cuadras."

"Jimmy," Howard said, "why did you pedal all this way? You know it's dangerous."

"I stayed on the sidewalk the whole way!" said Jimmy, "and I looked both ways before crossing the street. Honest!"

"Jaime," Marcos dijo, "¿por qué pedaleaste hasta aquí? Sabes que es peligroso."

"¡Me quedé en la banqueta todo el camino!" dijo Jaime, "¡y volteé hacia los dos lados antes de cruzar la calle. Lo juro!"

Howard looked at the sign that Jimmy had taped to his little car. Although he was upset that Jimmy had gone off on his own, he was also very proud of his son.

"Well, son, I guess I learned a lesson from you. The carwash workers do deserve better pay. We should all stand up for them, just like you did."

Jimmy promised he would never pedal away by himself again. Instead, he would ask his dad to drive him

Marcos miró la pancarta que Jaime había pegado en su carrito. Aunque él estaba molesto que Jaime se fuera por su cuenta, también estaba muy orgulloso de su hijo.

"Bueno, hijo, supongo que aprendi una lección de ti. Los trabajadores del autolavado se merecen una mejor paga. Todos deberíamos de luchar por ellos, justo como tu lo hiciste."

Jaime prometió que nunca volvería a pedalear y alejarse solo. En vez, le pediría a su papá que lo llevara!

41

Later that day, Howard and his son returned to the carwash, only this time, Howard had a big sign taped to his classic car. Jimmy parked his pedal car beside his dad. Juan and his son Pedro joined them. It was the happiest day in Jimmy's young life.

Más tarde, Marcos y su hijo regresaron al autolavado, pero en esta ocasión, Marcos tenia una gran pancarta pegada en su carro clásico. Jaime estacionó su carro de pedales al lado del carro de su papá. Juan y su hijo Pedro los acompañaron. Fue el día más feliz en la vida de Jaime.

ABOUT THE AUTHOR, ILLUSTRATOR AND TRANSLATOR

Victor Narro — Author
A nationally known expert on immigrant rights and low-wage workers, Victor Narro has been involved with immigrant rights and labor issues for over 30 years. Currently Victor is Project Director for the UCLA Center for Labor Research and Education (UCLA Labor Center) and Professor for the UCLA Labor and Workplace Studies Minor. Victor is also a Lecturer In Law for UCLA School of Law. Victor is co-editor of  *Working for Justice: The L.A. Model of Organizing and Advocacy* (Cornell University Press, 2010); coauthor of *Undocumented and Unafraid: Tam Tran, Cinthya Felix, and the Immigrant Youth Movement.* (UCLA Center for Labor Research and Education, 2012); and author of *Living Peace: Connecting Your Spirituality with Your Work for Justice* (CreateSpace Publication, 2014). Victor is happily married to Laureen Lazarovici, a long time labor activist and journalist..

Yana Murashko — Illustrator
Yana Murashko earned her bachelor's degree in 2014 at the National Academy of Managerial Staff of Culture and Arts in Ukraine, with a major in Design. Her degree qualified her as a Landscape Designer. Immigrating to the United States, she has studied English language courses at Kingsborough Community College and at the Borough of Manhattan Community College.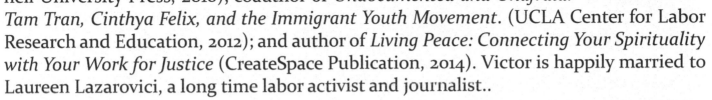

Madelin Arroyo Romero — Translator
Madelin is a first generation college student who completed her BA in Spanish and minor in Math & Science Education at UCSB in 2012. Born in Mexico City and raised in Los Angeles, she fought hard for the Dream Act as an AB540 student during her undergrad. She has been teaching and traveling ever since and currently works as an ESL Instructor at a local city college working with the community

QUESTIONS FOR TEACHERS, LIBRARIANS
AND PARENTS TO DISCUSS WITH CHILDREN

Jimmy's father told him never to pedal his car alone away from the house. When Jimmy pedaled his car all by himself to the Carwash in order to support Juan and the other workers, he did something that was dangerous.
Do you think Jimmy did a bad thing pedaling his car by himself to the Carwash? If it was a bad thing, what is something safe that Jimmy could have done to show his support for the workers?

If you were Jimmy's parents, would you have been angry with him? If you were angry, would you have punished him in some way? If so, what punishment do you think would be fair to give Jimmy?

In the beginning Jimmy's dad did seem very sympathetic to the Carwash workers. Remember how he drove away from the demonstration, saying, "Those people look angry, there might be trouble." But in the end, Jimmy's dad came out to support them. Why do you think he changed his attitude about the protest?

The men and women at the Carwash were working without a union. This means they have nobody to speak for them when they feel the boss has not treated them fairly. What do you think a union could do for the workers if it was representing them?

Working in a Carwash can be dangerous. There are machines with giant rollers, strong chemicals used to clean bugs off of cars, and people driving their cars in and out. Do you think the owner should keep the work place safe for the workers? If the owner of the Carwash demanded that the workers work in a way that was dangerous, what could the workers to do protect themselves?

PREGUNTAS PARA LOS MAESTROS, BIBLIOTECARIOS, Y PADRES PARA PLATICAR CON LOS NIÑOS

El papá de Jaime le dijo que nunca pedaleara su carro solito lejos de su casa. Cuando Jaime pedaleo su carro solo al Autolavado para poder apoyar a Juan y a los otros trabajadores, él hizo algo que fue peligroso. ¿Tú crees que Jaime hizo algo malo cuando pedaleo su carro solo al Autolavado? ¿Si fue algo malo, que es algo seguro que Jaime pudo haber hecho para demostrar su apoyo a los trabajadores?

¿Si tú fueras los padres de Jaime, te hubieras enojado con él? ¿Si estuvieras enojado, lo hubieras castigado de alguna manera? ¿Si es así, que castigo crees tú que sea justo para darle a Jaime?

Al principio el papá de Jaime no demostraba mucha empatía hacia los trabajadores del Autolavado. Recuerdas como siguió manejando cuando vio la manifestación, diciendo, "Esa gente se ve molesta, puede haber problemas." Pero al final, el papá de Jaime salió para apoyarlos. ¿Porque crees tú que cambio su actitud sobre la protesta?

Los hombres y mujeres en el Autolavado estaban trabajando sin una union. Esto significa que no tienen a nadie que hable por ellos cuando sientan que el jefe no los ha tratado justamente. ¿Que crees tú que una union pueda hacer por los trabajadores si los estuviera representando?

Trabajar en un Autolavado puede ser peligroso. Hay maquinas con enormes rodillos, químicos fuertes que se usan para matar bichos de los autos, y gente entrando y saliendo en sus autos. ¿Tú crees que el dueño debería mantener la area del trabajo segura para los trabajadores? ¿Si el dueño del Autolavado exigiera que los trabajadores trabajaran en una manera que fuera peligrosa, que pueden hacer los trabajadores para protegerse?

Many of the Carwash workers came to America from poor countries, where there were not a lot of jobs and life was difficult. Do you think it is a good thing for people to move to a new country in order to find work? If you owned a business, would you hire an immigrant worker?

Some of the Carwash workers left their home and their families when they came to America. They miss them very, very much. What would your life be like if your mom or dad left to work in a faraway place? Would you be lonely? How would you stay in touch with your loved ones?

Think about other businesses where men and women work. How many of them have a lot of immigrant workers - workers born in other countries? Do you think they have a union to speak for them when they feel they have not been treated fairly?

The Carwash workers in the demonstration carried signs that asked for higher pay. They felt they were not paid enough money to support a family and pay their bills. If that is true, why do you think the owner of the Carwash doesn't pay the workers more? Do you think the owner is mean or selfish for paying them so little? What would prevent the owner from paying the workers more?

Perhaps the next time you go to a store or a place that gives your mom or dad a service, like a car repair or a grocery store, you could ask a worker that you meet if they have a union. If they do not have a union, you could ask if they like to have a union to speak for them

Muchos de los trabajadores del Autolavado vinieron a America de países pobres, donde no habían muchos trabajos y la vida era difícil. ¿Tú crees que sea bueno que la gente se mueva a un nuevo país para encontrar trabajo? ¿Si tú fueras dueño de un negocio, le darías trabajo a un trabajador inmigrante?

Algunos de los trabajadores del Autolavado dejaron su hogar y sus familias cuando vinieron a America. Los extrañan muchísimo. ¿Como seria tu vida si tu mamá y papá se fueran a un lugar muy lejos a trabajar? ¿Te sentirías solo? ¿Como te mantendrías en comunicación con tus seres queridos?

Piensa sobre otros negocios donde hombres y mujeres trabajan. ¿Cuantos de ellos tienen muchos trabajadores inmigrantes- trabajadores nacidos en otros países? ¿Tú crees que tengan una union que hable por ellos cuando sientan que no han sido tratados justamente?

Los trabajadores del Autolavado en la protesta cargaban pancartas que pedían un sueldo mejor. Ellos sentían que no les pagaban suficiente dinero para mantener a su familia y pagar las cuentas. ¿Si eso es verdad, porque crees tú que el dueño del Autolavado no les paga a los trabajadores más? ¿Tú crees que el dueño sea malo o egoísta por pagarles tan poco? ¿Que le impediría al dueño de pagarles más a los trabajadores?

Quizás la próxima vez que vayas a la tienda o a un lugar que le de servicio a tu mamá o papá, como un taller de mecánica o un supermercado, tú le podrías preguntar a un trabajador que conozcas si ellos tienen una union. Si no tienen una union, les puedes preguntar si les gustaría tener una union que hable por ellos.

CHILDREN'S BOOKS from HARD BALL PRESS

Joelito's Big Decision, La gran Decisión de Joelito:
Ann Berlak (Author), Daniel Camacho (Illustrator),
José Antonio Galloso (Translator)

Manny and the Mango Tree, Many y el Árbol de Mango:
Alí R. and Valerie Bustamante (Authors), Monica Lunot-Kuker (Illustrator). Mauricio Niebla
(Translator)

The Cabbage That Came Back, El Repollo que Volvió
Stephen Pearl & Rafael Pearl (Authors), Rafael Pearl (Illustrator), Sara Pearl (Translator)

Hats Off For Gabbie, ¡Aplausos para Gaby!:
Marivir Montebon (Author), Yana Murashko (Illustrator),
Mauricio Niebla (Translator)

Margarito's Forest/El Bosque de Don Margarito:
Andy Carter (Author), Alison Havens (Illustrator), Sergio Villatoro (Graphic Design),
Artwork contributions by the children of the Saq Ja' elementary school
K'iche tranlations by Eduardo Elas and Manuel Hernandez
Translated by Omar Mejia

Jimmy's Carwash Adventure, La Aventura de Jaime en el Autolavado:
Victor Narro (Author),
Yana Murashko (Illustrator), Madelin Arroyo (Translator)

HOW TO ORDER BOOKS:

Order books from www.hardballpress.com, Amazon.com, or independent booksellers everywhere.

Receive a 20% discount for orders of 10 or more, a 40% discount for orders of 50 or more when ordering from www.hardballpress.com.